Coração de mãe

© 2015 by Leticia Wierzchowski

Direitos de edição da obra em língua portuguesa no Brasil adquiridos pela Agir, um selo da EDITORA NOVA FRONTEIRA PARTICIPAÇÕES S.A. Todos os direitos reservados. Nenhuma parte desta obra pode ser apropriada e estocada em sistema de banco de dados ou processo similar, em qualquer forma ou meio, seja eletrônico, de fotocópia, gravação etc., sem a permissão do detentor do copirraite.

EDITORA NOVA FRONTEIRA PARTICIPAÇÕES S.A.
Rua Nova Jerusalém, 345 – Bonsucesso – 21042-235
Rio de Janeiro – RJ – Brasil
Tel.: (21) 3882-8200 – Fax: (21)3882-8212/8313

CIP-BRASIL. CATALOGAÇÃO NA PUBLICAÇÃO
SINDICATO NACIONAL DOS EDITORES DE LIVROS, RJ

W646c
    Wierzchowski, Leticia
    Coração de mãe: Uma mensagem de amor para a mulher mais importante da sua vida / Leticia Wierzchowski. - 1. ed. - Rio de Janeiro: Agir, 2015.
    il.

    ISBN 978-85-220-3122-1

    1. Poesia infantojuvenil brasileira. I. Título.
15-20425   CDD: 028.5
                                           CDU: 087.5

LETICIA WIERZCHOWSKI

Coração de mãe

Uma mensagem de amor para a mulher mais importante da sua vida

Fotos © *Carin Mandelli*
pág 17, 31 e 66

Fotos © *BigStock*

pág 8-9 . Nosnibor137	*pág 42* . Mr. Alliance
pág 10 . Igor Stepovik	*pág 44* . Deklofenak
pág 12 . inarik	*pág 47* . alenkasm
pág 15 . AnnaElizabeth	*pág 49* . dolphy
pág 18 . alenkasm	*pág 50* . oksun70
pág 20 . michaeljung	*pág 53* . Sea Wave
pág 23 . GekaSkr	*pág 54* . Kattitude
pág 25 . Nosnibor137	*pág 57* . vitmark
pág 27 . AprilRusso	*pág 59* . Lichtmeister
pág 28 . Nyul	*pág 60* . Kattitude
pág 32 . Yastremska	*pág 63* . famveldman
pág 34 . Petro Feketa	*pág 68* . oksun70
pág 36 . Marchibas	*pág 71* . Kattitude
pág 39 . Mr. Alliance	*pág 72* . Anna Omelchenko
pág 41 . Samuel Borges	*pág 74* . Subbotina Anna
	pág 76-77 . alenkasm

MÃE s.f.

*O começo de todos nós, o colo fundamental, aquela que
acalenta, que alimenta, que se multiplica, que se divide,
que protege e que cuida, por quem chamamos quando estamos
tristes, a melhor enfermeira, a amiga de todas as horas,
aquela que sempre acredita, aquela que nunca desiste de nós,
um enorme coração com uma mulher em volta.*

CORAÇÃO DE MÃE
É UMA COISA ACONCHEGANTE
*feito cama quente
com cheirinho de alfazema.*

É LEAL, CONSTANTE
RIMA COM A GENTE.
CORAÇÃO DE MÃE:
coração poema.

CORAÇÃO DE MÃE
CABE MUITA GENTE,
*é feito uma pensão
barulhenta e contente.*

CABE FILHO, FILHA,
CABE ATÉ SOBRINHO,
EM CADA CANTO, UM CARINHO:
coração de mãe expande.

16

1 ⊕ 2 ⊕ 3

ENCHARCA, AJUDA, ABRAÇA,

coração argamassa.

CORAÇÃO DE MÃE
é uma coisa maluca

QUE ESTICA E PUXA E INCHA,
*e faz qualquer pechincha,
e cai em muita armadilha.*

22

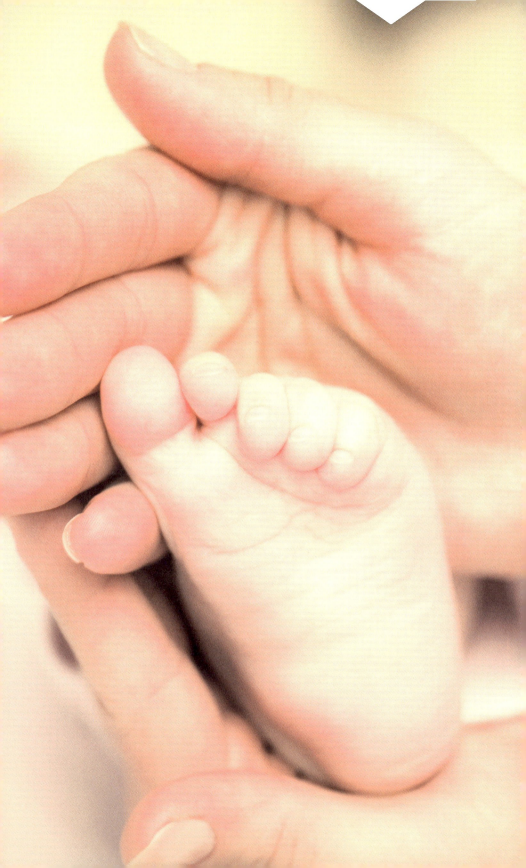

CORAÇÃO DE MÃE TEM ASAS
E BRILHA E ALUMIA.
*Coração de mãe
é noctiluca.*

CORAÇÃO DE MÃE
É UM POÇO DE INSEGURANÇA.
*Ele sofre, insiste,
cai, levanta
e dança.*

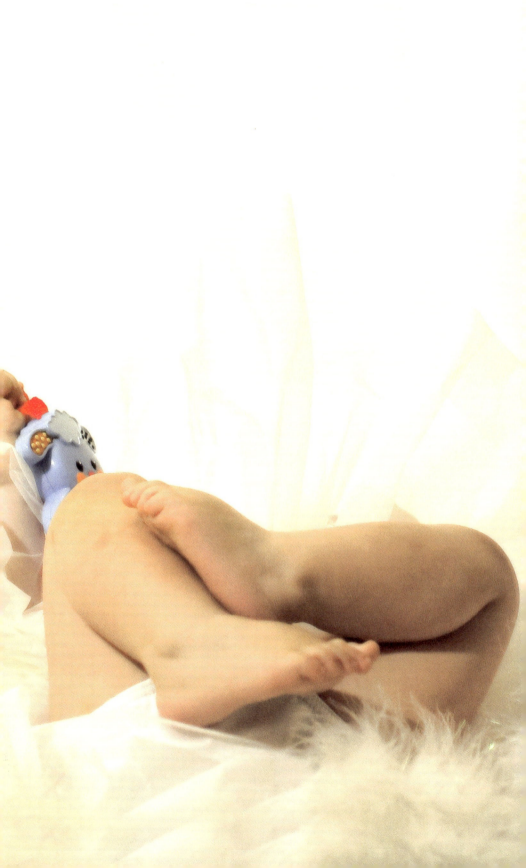

CORAÇÃO DE MÃE,

coração balança.

CORAÇÃO DE MÃE
por um filho se escabela.

TORCE, VIBRA, APOSTA:
DE ORGULHO, INFLAMA,
de amor, fica vermelho,
coração nunca amarela.

CORAÇÃO DE MÃE:
coração aquarela.

CORAÇÃO DE MÃE
SEMPRE FICA DOENTE
QUANDO O FILHO TEM FEBRE.
*Quando o filho está bem,
coração contente.*

E SENTE, E SENTE E SENTE
e pressente.

E DIZ NÃO,
DEPOIS SE ARREPENDE,
coração carente.

40

CORAÇÃO DE MÃE

tem mil braços e bocas.

SOBE E DESCE, ESCALA,
É ALPINISTA,
FAZ PIRUETAS LOUCAS.
*Coração de mãe:
coração surrealista.*

CORAÇÃO DE MÃE
SÓ PENSA EM FEIJÃO, GUISADO,
arroz, panqueca e beringela.

CORAÇÃO DE MÃE
É QUE NEM GAMELA,
*sempre cheio de comida,
não pode com criança magricela.*

CORAÇÃO DE MÃE:
coração panela.

CORAÇÃO DE MÃE
SEMPRE TRAZ UM CASAQUINHO,
se chorou, um lenço,
se espirrou, aspirina.

SE ESTÁ TRISTE, UM BEIJO,
se está cansado, cama.

CORAÇÃO DE MÃE:

coração vitamina.

CORAÇÃO DE MÃE
SABE QUE O MUNDO É CIRANDA:
dois pra lá, dois pra cá
toca o tempo com sua banda.

CORAÇÃO DE MÃE
SABE DESDE SEMENTE
que filho que não vai, desanda.

CORAÇÃO DE MÃE,
coração varanda.

CORAÇÃO DE MÃE
CURA QUALQUER DOR,
até dor de amor.

COM BEIJO E ABRAÇO,

com copo de leite.

SE O FILHO ESTÁ TRISTE,
MAMÃE VAI SARAR.
Coração de mãe:
coração band-aid.

CORAÇÃO DE MÃE
faz mil maravilhas.

70

SE PARTE
E SE COMPARTE,
*para ajudar os filhos
em mil partes se estilha.*

CORAÇÃO DE MÃE
SE REPARTE EM INFINITOS.
*Coração de mãe,
um coração que é muitos.*

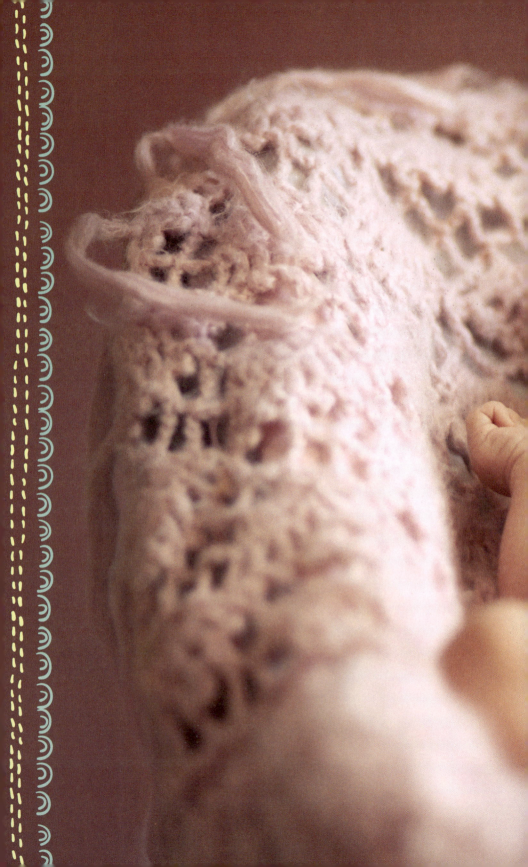

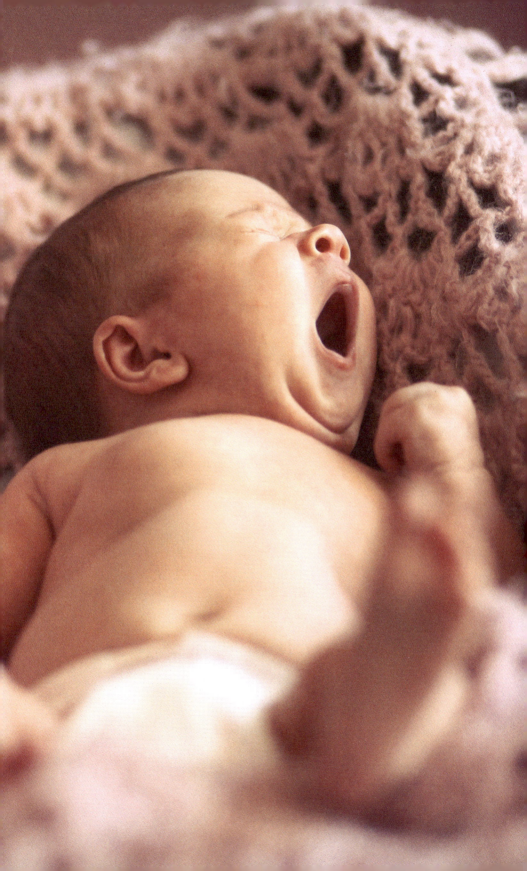

Leticia e seus filhos João, de treze anos, e Tobias, de sete. © *Foto por Carin Mandelli*

Nascida em Porto Alegre, Leticia Wierzchowski estreou na literatura no ano de 1998 com o romance O anjo e o resto de nós, *e desde então não parou mais de publicar. Em 2003, seu quinto romance,* A casa das sete mulheres, *foi adaptado pela Rede Globo para uma série televisiva, que foi exibida em mais de trinta países. Em 2005, estreou na literatura infantojuvenil com* O dragão de Wawel e outras lendas polonesas. *Pela Nova Fronteira, já publicou os títulos* Come, menino, Dorme, menino *e a nova edição de* Todas as coisas querem ser outras coisas. *Leticia mora em Porto Alegre, e é mãe do João e do Tobias.*

DIREÇÃO EDITORIAL
Daniele Cajueiro

EDITORES RESPONSÁVEIS
Maria Cristina Antonio Jeronimo
Guilherme Bernardo

PRODUÇÃO EDITORIAL
Adriana Torres
Pedro Staite

DESIGN E DIAGRAMAÇÃO
TypoStudio

Este livro foi impresso em 2015 para a Agir.
O papel do miolo é offset 90g/m²
e o da capa é cartão 250g/m².